LIDERAZGO ESTRATEGICO

LIDERAZGO ESTRATEGICO

INDICE

LIDERAZGO ESTRATEGICO

Este libro es una obra que se enfoca en proporcionar información y estrategias para el liderazgo efectivo de una organización a través del desarrollo de una visión clara, toma de decisiones estratégicas, innovación y cambio, gestión del talento y la implementación y seguimiento efectivo de la estrategia.

Este tipo de liderazgo busca maximizar el éxito organizacional a largo plazo al establecer objetivos claros y una dirección clara para la organización, fomentar la innovación y el cambio, desarrollar un equipo de liderazgo fuerte y comprometido, y mantener altos niveles de ética y responsabilidad.

El libro puede proporcionar una guía valiosa para aquellos que buscan mejorar sus habilidades de liderazgo y para aquellos que desean aprender a liderar de manera más efectiva

LIDERAZGO ESTRATEGICO

DEDICATORIA

Este libro no hubiera sido posible sin el apoyo y la colaboración de muchas personas. Quiero agradecer a mi familia y amigos por su constante apoyo y motivación, y a todos los expertos y profesionales cuyas ideas y conocimientos contribuyeron a enriquecer este libro.

También quiero agradecer a mis editores y al equipo editorial que trabajó en este proyecto. Su dedicación y compromiso aseguraron que este libro pudiera llegar a los lectores de la mejor manera posible.

CAP. 6 LIDERAZGO ETICO

a) La importancia del liderazgo ético en el liderazgo estratégico.
b) Como tomar decisiones éticas en el contexto de la estrategia organizacional.
c) Desarrollo de una cultura ética en la organización.

CAP. 7 DESRROLLO Y GESTION DEL TALENTO

a) La gestión del talento como componente clave del liderazgo estratégico.
b) Identificación y desarrollo de líderes futuros.
c) Desarrollo de equipos de alto rendimiento.

CAP. 8 IMPLEMENTACION Y SEGUIMIENTO

a) La importancia de la implementación y el seguimiento en el liderazgo estratégico.
b) Desarrollo de un plan de implementación efectivo.
c) Monitoreo y seguimiento de los resultados.

CAP. 9 CONCLUSION Y AGRADECIMIENTOS

a) Reflexiones finales sobre el liderazgo estratégico.
b) Resumen de los elementos claves del liderazgo estratégico.
c) Implicaciones para el futuro del liderazgo estratégico.
d) Agradecimientos a los lectores de este libro.

¿Por qué debes leer este libro?

Este libro es importante para cualquier persona interesada en el liderazgo, particularmente aquellos en posiciones de liderazgo estratégico dentro de una organización.

El libro proporciona una visión general completa de los componentes clave del liderazgo estratégico, incluida la visión y la estrategia, la toma de decisiones, la innovación y el cambio, el liderazgo ético, la gestión del talento y la implementación y el monitoreo.

Al leer este libro, obtendrás una comprensión más profunda de la importancia del liderazgo estratégico y cómo puede contribuir al éxito de una organización.

También aprenderás estrategias prácticas para desarrollar e implementar un plan estratégico de liderazgo, así como la forma de navegar los desafíos que puedan surgir en el proceso.

Si usted es un líder experimentado que busca refinar sus habilidades o un nuevo líder que recién comienza, este libro tiene algo que ofrecer. Es un recurso valioso para cualquiera que busque desarrollar sus habilidades de liderazgo y tener un impacto positivo en su organización

Cap. 1

INTRODUCCION AL LIDERAZGO ESTRATEGICO

El liderazgo es un componente crítico del éxito organizacional. Es a través de un liderazgo efectivo que las organizaciones pueden crear e implementar estrategias, desarrollar y administrar equipos y alcanzar sus objetivos.

El liderazgo estratégico, en particular, es esencial para las organizaciones que desean tener éxito en el entorno empresarial dinámico y rápidamente cambiante de hoy.

En este capítulo, exploraremos el concepto de liderazgo estratégico, su importancia para el éxito organizacional y los desafíos y oportunidades que presenta.

El liderazgo estratégico se puede definir como la capacidad de anticipar, visualizar y crear un futuro positivo para una organización.

Implica el desarrollo e implementación de una estrategia clara a largo plazo que se alinee con la misión, visión y valores de la organización.

Los líderes estratégicos deben ser capaces de pensar críticamente, tomar decisiones basadas en datos y análisis, y comunicar su visión y estrategia de manera efectiva a todas las partes interesadas.

En el entorno empresarial actual que cambia rápidamente, las organizaciones deben ser capaces de adaptarse rápidamente a los nuevos desafíos y oportunidades.

Una estrategia clara y a largo plazo es esencial para que las organizaciones sigan siendo competitivas y alcancen sus objetivos. Sin liderazgo estratégico, las organizaciones pueden tener dificultades para identificar y buscar nuevas oportunidades, o pueden quedar atrapadas en formas obsoletas de hacer las cosas.

El liderazgo estratégico también implica la capacidad de navegar por las complejidades del entorno empresarial, anticipar tendencias y cambios futuros y tomar decisiones informadas que posicionarán a la organización para el éxito.

Esto requiere una comprensión profunda de las fortalezas, debilidades, oportunidades y amenazas de la organización, así como la voluntad de tomar riesgos calculados cuando sea necesario.

Uno de los beneficios clave del liderazgo estratégico es la capacidad de alinear los esfuerzos y recursos de una organización hacia una visión compartida.

Esto puede mejorar el compromiso y la motivación de los empleados, lo que a su vez conduce a una mayor productividad y un mejor rendimiento general.

Además, una estrategia clara y una visión compartida también pueden ayudar a construir una cultura organizacional sólida que apoye el logro de los objetivos de la organización

Al liderazgo estratégico también puede proporcionar una ventaja competitiva en el mercado. Al desarrollar e implementar una estrategia efectiva, las organizaciones pueden diferenciarse de sus competidores, identificar nuevas oportunidades de mercado y adaptarse rápidamente a las necesidades y preferencias cambiantes de los clientes.

Sin embargo el liderazgo estratégico también presenta una serie de desafíos y oportunidades. Uno de los mayores desafíos es desarrollar una estrategia clara y efectiva frente a la incertidumbre y la complejidad.

Los líderes estratégicos deben ser capaces de pensar críticamente, tomar decisiones informadas y comunicar su visión y estrategia de manera efectiva.

Si bien el liderazgo estratégico presenta una serie de desafíos, también presenta oportunidades para que las organizaciones prosperen en un entorno empresarial en constante cambio.

El liderazgo estratégico puede llevar a un gran éxito organizacional. Una estrategia clara y efectiva es esencial para cualquier organización que busque mantenerse competitiva y alcanzar sus objetivos a largo plazo.

Sin liderazgo estratégico, una organización puede perder oportunidades clave, no adaptarse a los cambios en el entorno y ser incapaz de responder a la competencia.

Los líderes estratégicos pueden llevar a sus organizaciones a un éxito sin precedentes, en parte debido a la claridad de su visión y objetivos.

Al comunicar una estrategia clara y concisa, los líderes estratégicos pueden movilizar a los miembros de su equipo para trabajar juntos y cumplir con los objetivos a largo plazo.

Esto puede aumentar el compromiso de los empleados y su motivación, lo que a su vez aumenta la productividad y la rentabilidad de la organización.

El liderazgo estratégico también puede crear un sentido de unidad en la organización. Alineando los esfuerzos de la organización hacia una visión compartida, los líderes pueden inspirar un sentido de comunidad y propósito.

Esto puede llevar a una cultura organizacional más sólida y resistente, lo que se traduce en una mayor estabilidad y capacidad de adaptación a los cambios del mercado. Además, el liderazgo estratégico también puede aumentar la capacidad de una organización para anticipar y responder a los cambios del entorno.

Los líderes estratégicos suelen ser muy conscientes de las tendencias del mercado y de los posibles cambios futuros. Al anticipar los cambios en el entorno y tomar medidas adecuadas, pueden posicionar a su organización para aprovechar nuevas oportunidades y superar a la competencia.

Finalmente, el liderazgo estratégico puede llevar a un éxito organizacional increíble al crear una visión clara y concisa, alinear los esfuerzos de la organización, inspirar a los miembros del equipo y aumentar la capacidad de la organización para adaptarse al entorno cambiante. Al invertir en el liderazgo estratégico, las organizaciones pueden posicionar a sí mismas para un éxito duradero y un futuro sostenible.

Cap. 2

VISION Y ESTRATEGIA

Uno de los elementos clave del liderazgo estratégico es la capacidad de desarrollar y comunicar una visión y estrategia claras para la organización. Una visión es una imagen convincente del futuro que inspira y motiva a las personas a trabajar hacia un objetivo compartido.

Por otro lado, una estrategia es un plan de acción que describe cómo la organización alcanzará sus objetivos a largo plazo.

Una visión clara y compartida es esencial para guiar a la organización en la dirección correcta.

Los líderes estratégicos deben definir la visión de la organización en términos claros y específicos, para que pueda ser comunicada de manera efectiva a todos los miembros de la organización.

La visión debe ser inspiradora y motivar a las personas a trabajar juntas para alcanzar los objetivos de la organización.

Una vez que se ha definido la visión, la estrategia debe ser desarrollada para alcanzar los objetivos a largo plazo de la organización.

La estrategia debe ser coherente con la visión y debe estar diseñada para aprovechar las fortalezas de la organización y enfrentar los desafíos que se presenten en el entorno empresarial.

Es importante que la estrategia sea revisada y actualizada periódicamente para asegurarse de que siga siendo relevante y efectiva.

Los líderes estratégicos deben ser capaces de adaptarse a los cambios en el entorno y ajustar la estrategia de la organización en consecuencia.

Aquí te presento un esquema básico de una estrategia empresarial:

1.   Análisis de la situación: Este paso implica una evaluación de la situación actual de la empresa, sus fortalezas y debilidades internas, oportunidades y amenazas externas.

2.   Definición de objetivos: En este paso, se establecen los objetivos a largo plazo de la empresa en función de los resultados del análisis de la situación.
3.   Desarrollo de la estrategia: En este paso, se desarrolla una estrategia para alcanzar los objetivos definidos.

La estrategia debe ser coherente con la visión y la misión de la empresa y debe aprovechar las fortalezas de la empresa y enfrentar los desafíos que se presenten en el entorno empresarial.

4.   Implementación de la estrategia: En este paso, se llevan a cabo los planes y acciones necesarios para implementar la estrategia.

Esto incluye asignar recursos, establecer metas y objetivos específicos, y desarrollar un plan de acción detallado.

5.   Monitoreo y evaluación: En este paso, se monitorean y evalúan los resultados de la implementación de la estrategia para determinar si se están logrando los objetivos a largo plazo. Se realizan ajustes según sea necesario para asegurarse de que la estrategia siga siendo relevante y efectiva.

Es importante tener en cuenta que este es solo un modelo básico y que la estrategia de una empresa puede variar en función de la industria, el tamaño de la empresa y otros factores.

La estrategia debe ser flexible y adaptarse a los cambios en el entorno empresarial para asegurarse de que la empresa esté en una posición sólida para alcanzar sus objetivos a largo plazo.

Cap. 3

LIDERAZGO TRANSFORMACIONAL

El liderazgo transformacional es un enfoque de liderazgo que se enfoca en inspirar y motivar a los miembros de la organización para que alcancen su máximo potencial.

En lugar de simplemente administrar a las personas, los líderes transformacionales trabajan para desarrollar relaciones significativas con los miembros de la organización y crear un entorno en el que puedan crecer y desarrollarse.

Este estilo de liderazgo se enfoca en la comunicación abierta y la colaboración, y fomenta un enfoque más participativo en la toma de decisiones.

Los líderes transformacionales buscan inspirar a los miembros de la organización a través de la visión y la pasión, y fomentan el desarrollo del liderazgo en todos los niveles de la organización.

El liderazgo transformacional se centra en cuatro componentes principales:

1.   Vision: es un elemento clave del liderazgo transformacional, y se refiere a la capacidad de un líder para articular una imagen clara y convincente del futuro deseado de la organización.

La visión es una declaración de propósito que describe lo que la organización desea lograr y cómo se verá en el futuro.

Es un objetivo a largo plazo que proporciona una dirección clara y unificadora para la organización, y es un elemento fundamental para la motivación y el compromiso de los empleados.

Un líder transformacional efectivo debe tener una visión clara y significativa para la organización. La visión debe ser inspiradora y motivadora, y debe ser compartida por todos los miembros de la organización.

Debe ser una visión realista, alcanzable y relevante para la organización, y debe reflejar las necesidades y deseos de los empleados y clientes.

La comunicación de la visión es un elemento clave del liderazgo transformacional. Los líderes transformacionales deben ser capaces de comunicar la visión de manera efectiva, y deben ser capaces de hacer que la visión sea accesible y relevante para todos los miembros de la organización.

Los líderes deben ser capaces de inspirar y motivar a los empleados a través de la visión, y deben ser capaces de crear un sentido de propósito y dirección en la organización.

La visión también debe ser una guía para la toma de decisiones y la planificación estratégica de la organización.

Los líderes transformacionales deben trabajar con los miembros de la organización para desarrollar planes y objetivos que estén alineados con la visión de la organización.

La visión debe ser una fuerza unificadora que ayude a la organización a tomar decisiones estratégicas y tácticas que conduzcan a la consecución de sus objetivos.

2.   Inspiración: se refiere a la capacidad del líder para motivar, influir y estimular a los miembros de la organización a alcanzar sus objetivos y a mejorar su rendimiento.

Los líderes transformacionales logran inspirar a los demás a través de su ejemplo, su compromiso y su capacidad para comunicar y transmitir su visión y sus valores.

Un líder transformacional inspira a los miembros de la organización a través de su comportamiento y actitudes.

Es un modelo a seguir para los demás, y su comportamiento se convierte en una fuente de motivación y guía para los demás.

Los líderes transformacionales establecen altos estándares de desempeño para sí mismos y para los demás, y trabajan diligentemente para lograr estos objetivos.

Son apasionados y comprometidos, y demuestran una ética de trabajo sólida y una gran dedicación a su trabajo.

Los líderes transformacionales también inspiran a los miembros de la organización a través de su capacidad para comunicar su visión y sus valores de manera efectiva.

Son excelentes comunicadores y oradores, y saben cómo transmitir su mensaje de manera clara, concisa y convincente. Los líderes transformacionales también son buenos oyentes, y están abiertos a las opiniones y sugerencias de los demás.

Trabajan con los miembros de la organización para desarrollar soluciones creativas y efectivas a los problemas, y los motivan para contribuir y participar en el proceso.

La inspiración también se logra a través de la empatía. Los líderes transformacionales comprenden las necesidades, intereses y preocupaciones de los miembros de la organización, y trabajan para asegurarse de que se sientan valorados y respetados.

Se preocupan por el bienestar de los demás, y trabajan para ayudar a los miembros de la organización a superar los obstáculos y a alcanzar sus metas.

Los líderes transformacionales establecen relaciones fuertes y duraderas con los miembros de la organización, y crean un ambiente de trabajo positivo y motivador.

3.   Estimulación intelectual: la estimulación intelectual es otra de las características fundamentales del liderazgo transformacional.

Se refiere a la capacidad del líder para fomentar el pensamiento creativo y crítico de los miembros de la organización y para fomentar su capacidad para innovar y mejorar su rendimiento.

Los líderes transformacionales logran estimular intelectualmente a los miembros de la organización a través de la creación de un ambiente de trabajo desafiante y estimulante.

Fomentan la exploración de nuevas ideas y enfoques, y animan a los miembros de la organización a cuestionar el estatus y a pensar más allá de lo evidente.

Los líderes transformacionales también alientan la creatividad y la innovación, y promueven la experimentación y el aprendizaje continuo.

Además, los líderes transformacionales brindan oportunidades para el desarrollo personal y profesional de los miembros de la organización.

Fomentan la adquisición de nuevas habilidades y conocimientos y les proporcionan el entrenamiento y la capacitación necesarios para mejorar su desempeño.

Los líderes transformacionales también promueven la toma de riesgos y la experimentación, y apoyan a los miembros de la organización en sus esfuerzos por probar nuevas ideas y enfoques.

La estimulación intelectual también implica la capacidad del líder para desafiar y motivar a los miembros de la organización a través de la retroalimentación constructiva y la evaluación del desempeño.

Los líderes transformacionales brindan retroalimentación honesta y útil a los miembros de la organización, y los desafían a alcanzar nuevos niveles de desempeño y logro.

Al mismo tiempo, los líderes transformacionales brindan apoyo y orientación, y trabajan con los miembros de la organización para identificar y superar obstáculos y desafíos.

En fin, la estimulación intelectual es una de las características más importantes del liderazgo transformacional.

Los líderes transformacionales fomentan el pensamiento creativo y crítico, promueven la innovación y el aprendizaje continuo, brindan oportunidades para el desarrollo personal y profesional, desafían y motivan a los miembros de la organización a través de la retroalimentación constructiva y la evaluación del desempeño.

La estimulación intelectual ayuda a los miembros de la organización a mejorar su rendimiento, a desarrollar nuevas habilidades y conocimientos, y a contribuir de manera más efectiva al éxito de la organización.

4.   Consideración individual: Se refiere a la capacidad del líder para tratar a cada miembro de la organización de manera única, reconociendo y valorando las diferencias individuales y sus necesidades.

Los líderes transformacionales se preocupan por el bienestar y el desarrollo de los miembros de la organización.

Fomentan relaciones de confianza, respeto y apoyo mutuo, y se aseguran de que los miembros de la organización se sientan valorados y escuchados.

Además, los líderes transformacionales prestan atención a las necesidades individuales de los miembros de la organización y se aseguran de que tengan los recursos y el apoyo necesarios para alcanzar sus metas.

La consideración individual implica el establecimiento de una comunicación efectiva y de una retroalimentación constante con los miembros de la organización.

Los líderes transformacionales se aseguran de escuchar y responder a las preocupaciones y necesidades de los miembros de la organización, y proporcionan retroalimentación constructiva y apoyo para ayudarles a mejorar su desempeño.

Además, los líderes transformacionales fomentan un ambiente de trabajo en el que los miembros de la organización puedan expresar sus opiniones y sugerencias libremente.

La consideración individual también implica el reconocimiento y la valoración de las diferencias individuales de los miembros de la organización.

Los líderes transformacionales se aseguran de que se tomen en cuenta las necesidades y preferencias de los miembros de la organización en la asignación de tareas y responsabilidades.

Además, los líderes transformacionales fomentan un ambiente de trabajo inclusivo en el que se respeten las diferencias culturales, de género, de orientación sexual, y otras diferencias personales y se fomente la diversidad.

La consideración individual es una característica clave del liderazgo transformacional.

Los líderes transformacionales se preocupan por el bienestar y el desarrollo de los miembros de la organización, establecen relaciones de confianza y apoyo mutuo, y prestan atención a las necesidades individuales de los miembros de la organización.

Fomentan una comunicación efectiva y una retroalimentación constante, reconocen y valoran las diferencias individuales, y fomentan un ambiente de trabajo inclusivo.

La consideración individual ayuda a los miembros de la organización a sentirse valorados y escuchados, a mejorar su desempeño, y a contribuir de manera más efectiva al éxito de la organización.

De manera resumida se puede decir que el liderazgo transformacional es especialmente importante en entornos empresariales complejos y cambiantes, donde la innovación y la creatividad son necesarias para el éxito.

Fomenta una cultura de liderazgo compartido y desarrollo personal, lo que puede mejorar la moral de los empleados y, en última instancia, la productividad y la rentabilidad de la organización.

El liderazgo transformacional es un enfoque de liderazgo que se enfoca en inspirar y motivar a los miembros de la organización para que alcancen su máximo potencial.

Se centra en la visión, la inspiración, la estimulación intelectual y la consideración individual.

El liderazgo transformacional puede ser particularmente efectivo en entornos empresariales complejos y cambiantes.

Cap. 4

TOMA DE DECISIONES ESTRATEGICAS

La toma de decisiones estratégicas es un proceso esencial para el liderazgo estratégico.

Los líderes estratégicos son responsables de tomar decisiones importantes que afectan el futuro de la organización, y deben hacerlo de manera efectiva y eficiente.

La toma de decisiones estratégicas implica el análisis de información relevante y la evaluación de opciones para determinar la mejor manera de alcanzar los objetivos estratégicos de la organización.

Los líderes estratégicos deben considerar una variedad de factores, incluyendo las oportunidades y amenazas externas, las fortalezas y debilidades internas, y las metas y valores de la organización.

Un enfoque común para la toma de decisiones estratégicas es el análisis FODA (Fortalezas, Oportunidades, Debilidades y Amenazas).

Este análisis ayuda a los líderes a evaluar los factores internos y externos que afectan la organización y a identificar estrategias efectivas para aprovechar las fortalezas de la organización, aprovechar las oportunidades externas, abordar las debilidades internas y mitigar las amenazas externas.

Además de la evaluación de FODA, los líderes estratégicos también deben considerar otros factores al tomar decisiones importantes. Por ejemplo, es importante evaluar el impacto a largo plazo de las decisiones y asegurarse de que estén alineadas con la visión y los valores de la organización.

También es importante considerar la viabilidad y la implementación de las estrategias, incluyendo la asignación de recursos, la gestión del riesgo y la comunicación efectiva.

La toma de decisiones estratégicas efectivas también implica la participación de otros miembros de la organización en el proceso de toma de decisiones.

Los líderes estratégicos deben fomentar un ambiente de trabajo colaborativo y transparente, y solicitar el aporte y la retroalimentación de los miembros del equipo y otros participantes relevantes en el proceso de toma de decisiones.

Los líderes estratégicos deben evaluar una variedad de factores y considerar la visión y los valores de la organización para tomar decisiones efectivas y eficientes que impulsen el éxito organizacional a largo plazo.

La participación de otros miembros de la organización en el proceso de toma de decisiones es importante para fomentar un ambiente de trabajo colaborativo y transparente y mejorar la calidad de las decisiones.

El proceso de toma de decisiones efectivo es esencial para el éxito de cualquier organización.

La toma de decisiones puede ser un proceso complejo y desafiante, y los líderes deben ser capaces de evaluar la información y las opciones disponibles para tomar la mejor decisión posible.

Un proceso de toma de decisiones efectivo comienza con la identificación clara del problema o la oportunidad.

Los líderes deben definir el problema o la oportunidad de manera clara y específica, y establecer objetivos y criterios para la toma de decisiones.

Luego, se debe recopilar y analizar información relevante, incluyendo datos cuantitativos y cualitativos, opiniones de expertos y la retroalimentación de los miembros del equipo y otros participantes.

Los líderes deben evaluar la información y las opciones disponibles para determinar la mejor manera de alcanzar los objetivos establecidos.

Una vez que se han evaluado las opciones, se debe tomar una decisión y desarrollar un plan de acción claro y específico.

Los líderes deben comunicar la decisión y el plan de acción a los miembros del equipo y otros participantes relevantes, y asignar los recursos necesarios para implementar el plan.

A pesar de que el proceso de toma de decisiones efectivo puede ser altamente beneficioso, también puede ser desafiante. Los desafíos comunes incluyen:

1. Información incompleta o inexacta: Los líderes pueden no tener toda la información necesaria para tomar una decisión efectiva. Es importante recopilar información relevante y validar su precisión antes de tomar una decisión.

2. Presión del tiempo: A menudo, los líderes deben tomar decisiones rápidamente, lo que puede hacer que se salten pasos importantes en el proceso de toma de decisiones. Es importante tomarse el tiempo necesario para evaluar adecuadamente la información y las opciones disponibles.

3. Emociones y prejuicios: Las emociones y los prejuicios pueden afectar la toma de decisiones. Los líderes deben ser conscientes de sus propias emociones y prejuicios y tomar medidas para minimizar su impacto en la toma de decisiones.

4. Conflictos y diferencias de opinión: Los miembros del equipo y otros participantes pueden tener diferentes perspectivas y objetivos.

   Los líderes deben fomentar un ambiente de trabajo colaborativo y transparente y trabajar para resolver los conflictos y las diferencias de opinión.

La toma de decisiones estratégicas es un proceso clave en el liderazgo estratégico. Los líderes estratégicos deben evaluar una variedad de factores y considerar la visión y los valores de la organización para tomar decisiones efectivas y eficientes que impulsen el éxito organizacional a largo plazo.

La participación de otros miembros de la organización en el proceso de toma de decisiones es importante para fomentar un ambiente de trabajo colaborativo y transparente y mejorar la calidad de las decisiones.

Finalmente, el proceso de toma de decisiones efectivo es esencial para el éxito de cualquier organización.

Los líderes deben ser capaces de evaluar la información y las opciones disponibles para tomar la mejor decisión posible.

Aunque el proceso de toma de decisiones puede ser desafiante, los líderes pueden superar estos desafíos al recopilar información relevante, tomarse el tiempo necesario para evaluarla adecuadamente, minimizar el impacto de las emociones y los prejuicios, y fomentar un ambiente de trabajo colaborativo y transparente.

Cap. 5

INNOVACION Y CAMBIO

La innovación y el cambio son componentes clave del liderazgo estratégico. Los líderes estratégicos deben ser capaces de identificar las tendencias y las oportunidades emergentes, y ser capaces de adaptarse y responder de manera efectiva a los cambios en el entorno empresarial.

Los líderes estratégicos deben ser capaces de fomentar la innovación dentro de la organización y desarrollar nuevas ideas y soluciones para resolver los desafíos y aprovechar las oportunidades emergentes.

Esto puede implicar la creación de nuevos productos y servicios, el desarrollo de nuevas formas de interactuar con los clientes, la mejora de los procesos internos y la implementación de nuevas tecnologías.

El cambio también es un componente clave del liderazgo estratégico. Los líderes deben ser capaces de anticipar y gestionar el cambio en el entorno empresarial y dentro de la organización.

Esto puede implicar la implementación de nuevos procesos y tecnologías, la reorganización de la estructura organizativa y la gestión de la resistencia al cambio.

Los líderes estratégicos también deben ser capaces de fomentar una cultura de innovación y cambio dentro de la organización.

Esto puede implicar el fomento de la colaboración y la experimentación, y la creación de un ambiente de trabajo que valore y premie la creatividad y la toma de riesgos.

Sin embargo, la innovación y el cambio también pueden ser desafiantes para los líderes y la organización.

Los líderes deben ser capaces de evaluar los riesgos y beneficios potenciales de la innovación y el cambio, y tomar medidas para minimizar los riesgos y maximizar los beneficios.

La innovación y el cambio son componentes clave del liderazgo estratégico. Los líderes deben ser capaces de fomentar la innovación dentro de la organización y adaptarse de manera efectiva a los cambios en el entorno empresarial.

También deben ser capaces de fomentar una cultura de innovación y cambio dentro de la organización y evaluar los riesgos y beneficios potenciales de la innovación y el cambio.

Fomentar la innovación y el cambio en la organización puede ser un desafío, pero existen diversas estrategias que pueden ayudar a lograrlo. A continuación se presentan algunas de estas estrategias:

a)   Fomentar la creatividad: fomentar la creatividad en la organización es un elemento clave para la innovación y el cambio.

La creatividad permite a los empleados pensar de manera innovadora y buscar nuevas soluciones para los desafíos de la organización.

Mediante la creatividad se promueve la colaboración, al permitir que los empleados trabajen juntos para encontrar soluciones innovadoras.

Los líderes pueden promover la colaboración mediante la creación de equipos de trabajo y grupos de discusión, y alentando a los empleados a compartir ideas y soluciones.

Promueve la diversidad de pensamiento y permite que los empleados piensen de maneras diferentes y se desafíen mutuamente. Los líderes pueden promover la diversidad de pensamiento mediante la contratación de personas con diferentes antecedentes y perspectivas, y alentando a los empleados a considerar diferentes puntos de vista.

Fomentar la creatividad permite reconocer y premiar la y puede motivar a los empleados a pensar de manera innovadora y buscar nuevas soluciones.

Los líderes pueden reconocer la creatividad mediante la implementación de programas de incentivos y reconocimientos, y alentando a los empleados a presentar nuevas ideas y soluciones.

b)   Establecer un ambiente propicio para la innovación:
establecer un ambiente propicio para la innovación es esencial para fomentar la creatividad y el cambio en una organización.

Los líderes pueden crear un ambiente en el que los empleados se sientan cómodos al expresar sus ideas y trabajar juntos para desarrollar nuevas soluciones.

Algunas estrategias para fomentar un ambiente propicio para la innovación son:

1. Fomentar la comunicación abierta: Los líderes pueden fomentar la comunicación abierta al crear un ambiente en el que los empleados se sientan cómodos compartiendo sus ideas y opiniones.

   Esto puede lograrse mediante la creación de espacios de trabajo abiertos y colaborativos, la realización de reuniones regulares en las que se discutan las ideas y se brinden retroalimentación y la implementación de tecnologías y herramientas que fomenten la comunicación y el intercambio de ideas.

2. Proporcionar recursos y capacitación: Para fomentar la innovación, los empleados deben tener los recursos y la capacitación necesarios para desarrollar sus ideas.

   Los líderes pueden proporcionar recursos como tiempo, presupuesto y tecnología, así como capacitación en áreas como diseño pensantes, resolución de problemas y pensamiento crítico.

3. Establecer metas claras: Las metas claras pueden motivar a los empleados a pensar de manera creativa y a buscar nuevas soluciones.

   Los líderes pueden establecer metas claras que desafíen a los empleados a pensar más allá de lo convencional y a desarrollar soluciones innovadoras.

4. Fomentar la diversidad: La diversidad en la organización puede fomentar la creatividad y el cambio al permitir que los empleados piensen de manera diferente y se desafíen mutuamente.

   Los líderes pueden fomentar la diversidad en la organización mediante la contratación de personas con diferentes antecedentes y perspectivas, y alentando a los empleados a considerar diferentes puntos de vista.

En fin, para establecer un ambiente propicio para la innovación, los líderes deben fomentar la comunicación abierta, proporcionar recursos y capacitación, establecer metas claras, fomentar la diversidad y reconocer y premiar la innovación.

Al crear un ambiente en el que los empleados se sientan cómodos al expresar sus ideas y trabajar juntos para desarrollar nuevas soluciones, los líderes pueden fomentar la creatividad y el cambio en la organización.

En resumen, desarrollar una cultura de innovación y cambio es esencial para el éxito de una organización. Implica crear un entorno que fomente nuevas ideas, experimentación y toma de riesgos.

Para fomentar una cultura de innovación, los líderes deben establecer una visión y estrategia claras, comunicarlas de manera efectiva y alinearlas con la misión y los objetivos de la organización.

Los líderes también deben fomentar la colaboración, tanto dentro como fuera de la organización.

Al reunir diversas perspectivas y experiencias, los líderes pueden despertar la creatividad y generar nuevas ideas.

Además, los líderes deben recompensar y reconocer la innovación, celebrando los éxitos y aprendiendo de los fracasos.

Otro aspecto importante del desarrollo de una cultura de innovación es promover una mentalidad de crecimiento.

Esto implica fomentar la voluntad de aprender y desarrollar nuevas habilidades, aceptar el cambio y ver el fracaso como una oportunidad para el crecimiento y el aprendizaje.

Los líderes pueden fomentar una mentalidad de crecimiento al proporcionar oportunidades de capacitación y desarrollo, alentar la experimentación y brindar apoyo para tomar riesgos calculados.

Finalmente, es importante que los líderes creen un sentido de urgencia en torno a la innovación y el cambio.

Al dejar claro que la innovación es una prioridad, los líderes pueden motivar a los empleados a tomar medidas y generar nuevas ideas.

Esto puede implicar establecer objetivos ambiciosos, proporcionar recursos y apoyo, y revisar regularmente el progreso.

Cap. 6

LIDERAZGO ETICO

El liderazgo ético es fundamental para el éxito del liderazgo estratégico.

Un líder que demuestra un comportamiento ético establece el tono para toda la organización e inspira a otros a seguir su ejemplo.

El liderazgo ético implica tomar decisiones basadas en un conjunto claro de valores y principios, tratar a los demás con respeto y justicia, y ser responsable de las propias acciones.

Los líderes que priorizan el comportamiento ético establecen confianza y credibilidad con sus empleados, clientes y partes interesadas.

Esta confianza es esencial para construir y mantener relaciones sólidas, que son fundamentales para lograr los objetivos estratégicos.

Cuando los empleados sienten que sus líderes son éticos y confiables, es más probable que estén motivados, comprometidos y comprometidos con el éxito de la organización.

Además, el liderazgo ético ayuda a mitigar el riesgo y evitar consecuencias negativas. Los líderes que priorizan la ética tienen más probabilidades de tomar decisiones que se alinean con los requisitos legales y reglamentarios, así como con los valores y la misión de la organización.

Esto reduce el riesgo de daños legales o de reputación, que pueden ser costosos y perjudiciales para la organización.

El liderazgo ético es esencial para crear una cultura organizacional positiva. Cuando los líderes priorizan la ética, crean un entorno que fomenta la comunicación abierta, la colaboración y el respeto.

Esto conduce a un mayor compromiso de los empleados, satisfacción laboral y retención, todos los cuales son esenciales para lograr los objetivos estratégicos.

Tomar decisiones éticas en el contexto de la estrategia organizacional requiere una comprensión clara de los valores, principios y objetivos de la organización.

La toma de decisiones éticas implica considerar el impacto de las decisiones en las partes interesadas, incluidos los empleados, clientes, proveedores, accionistas y la comunidad en general.

También requiere equilibrar los objetivos a corto y largo plazo y evaluar los riesgos y beneficios de los diferentes cursos de acción.

Un enfoque para la toma de decisiones éticas es el uso de marcos o modelos éticos. Estos marcos ayudan a los líderes a evaluar las decisiones basadas en principios y valores establecidos.

Uno de estos modelos es el enfoque utilitario, que busca maximizar el beneficio general para el mayor número de personas.

Otro modelo es el enfoque deontológico, que se centra en adherirse a un conjunto de reglas o principios morales.

Al tomar decisiones éticas, los líderes también deben considerar las posibles consecuencias de sus acciones, tanto intencionales como no intencionadas.

Deben evaluar si sus decisiones son consistentes con los valores y principios de la organización, y si se alinean con los requisitos legales y reglamentarios.

Para garantizar la toma de decisiones éticas en la organización, los líderes deben establecer un código de conducta o política de ética que describa los valores y principios de la organización.

También deben crear una cultura que apoye el comportamiento ético, incluida la capacitación regular y la comunicación sobre cuestiones éticas.

Es importante que los líderes entiendan que la toma de decisiones éticas a veces puede implicar decisiones difíciles y compensaciones.

Sin embargo, al priorizar la ética, los líderes pueden generar confianza, mantener la reputación y crear una cultura organizacional positiva, todo lo cual es fundamental para lograr el éxito a largo plazo.

Desarrollar una cultura ética en una organización es esencial para promover el comportamiento ético y la toma de decisiones en toda la organización.

Una cultura ética es aquella en la que los individuos entienden y demuestran valores y comportamientos éticos en todos los aspectos de su trabajo.

La creación de una cultura ética comienza con el liderazgo. Los líderes deben modelar el comportamiento ético y la toma de decisiones, y comunicar la importancia de la ética a la organización.

Esto incluye desarrollar una política de ética o código de conducta que establezca los valores y principios de la organización y cómo deben aplicarse en la práctica.

Otro factor clave en la creación de una cultura ética es la educación y capacitación de los empleados. Esto puede incluir capacitación y comunicación ética regular, así como oportunidades para que los empleados discutan y reflexionen sobre dilemas éticos en su trabajo.

Al proporcionar a los empleados el conocimiento y las habilidades para tomar decisiones éticas, es más probable que actúen de una manera que se alinee con los valores y principios de la organización.

Además de la educación y la capacitación, las organizaciones pueden crear sistemas y procesos que apoyen el comportamiento ético.

Por ejemplo, una organización puede establecer una línea directa de ética o un sistema de informes para alentar a los empleados a denunciar inquietudes o violaciones éticas. Esto puede ayudar a identificar y abordar el comportamiento poco ético antes de que se generalice.

Finalmente, una cultura ética debe ser monitoreada y evaluada continuamente para garantizar que sea efectiva en la promoción del comportamiento ético.

Esto puede incluir evaluaciones periódicas del clima y la cultura ética de la organización, así como la comunicación continua y la retroalimentación con los empleados.

En general, el desarrollo de una cultura ética es fundamental para promover el comportamiento ético y la toma de decisiones en una organización.

Al priorizar la ética, las organizaciones pueden generar confianza, mantener una reputación positiva y crear una base sólida para el éxito a largo plazo.

Cap. 7

DESARROLLO Y GESTION DEL TALENTO

La gestión del talento es un componente crítico del liderazgo estratégico porque implica atraer, retener y desarrollar a las personas con las habilidades y destrezas necesarias para lograr los objetivos de la organización.

La gestión eficaz del talento garantiza que una organización tenga a las personas adecuadas en los roles correctos, con las habilidades adecuadas, para impulsar el éxito y el crecimiento.

Atraer y retener a los mejores talentos requiere un enfoque en el compromiso de los empleados y la creación de una cultura positiva en el lugar de trabajo.

Esto puede implicar proporcionar paquetes competitivos de compensación y beneficios, oportunidades para el desarrollo y crecimiento profesional, y un entorno de trabajo de apoyo que valore la diversidad y la inclusión.

El desarrollo del talento también es fundamental para garantizar el éxito a largo plazo. Esto incluye proporcionar capacitación continua y oportunidades de desarrollo, como tutoría, entrenamiento y programas de capacitación en habilidades, que ayudan a los empleados a desarrollar las habilidades y el conocimiento que necesitan para tener éxito en sus roles actuales y prepararse para futuros puestos de liderazgo.

Otro aspecto clave de la gestión del talento es la planificación de la sucesión. Esto implica identificar y desarrollar empleados que tengan el potencial de ocupar roles clave de liderazgo en la organización en el futuro.

Al desarrollar una cartera de futuros líderes, las organizaciones pueden garantizar la continuidad y minimizar las interrupciones cuando los líderes clave se jubilan o siguen adelante.

La gestión eficaz del talento es esencial para lograr objetivos estratégicos e impulsar el éxito a largo plazo.

Al atraer, retener y desarrollar a los mejores talentos, las organizaciones pueden construir una fuerza laboral sólida y capaz que esté equipada para enfrentar los desafíos de un entorno empresarial en constante cambio.

Identificar y desarrollar futuros líderes es un componente crítico del liderazgo estratégico.

Implica identificar a los empleados que tienen el potencial de ocupar roles clave de liderazgo en la organización en el futuro y proporcionarles la capacitación, el desarrollo y las oportunidades que necesitan para prepararse para estos roles.

Un enfoque para identificar futuros líderes es a través de un programa de gestión del talento. Esto puede implicar identificar a los empleados que tienen un alto potencial, en función de su desempeño, habilidades y destrezas, y proporcionarles oportunidades de desarrollo específicas.

Estos pueden incluir entrenamiento y tutoría, programas de capacitación y exposición a tareas nuevas y desafiantes que les ayudan a desarrollar las habilidades y la experiencia que necesitan para asumir roles de liderazgo.

Otro enfoque es involucrar a los empleados en programas de desarrollo de liderazgo que les ayuden a desarrollar sus habilidades y experiencia a lo largo del tiempo.

Estos programas pueden incluir rotaciones a través de diferentes partes de la organización, participación en equipos multifuncionales y cursos de capacitación y desarrollo de liderazgo.

Para garantizar que los esfuerzos de desarrollo de liderazgo sean efectivos, es importante alinearlos con las metas y objetivos estratégicos de la organización.

Esto significa identificar las competencias clave de liderazgo que son necesarias para impulsar el éxito y el crecimiento, y desarrollar programas de capacitación y desarrollo que se centren en estas áreas.

En última instancia, el objetivo de identificar y desarrollar futuros líderes es construir una cartera de talentos que esté equipada para asumir roles de liderazgo clave en la organización en el futuro.

Al invertir en el desarrollo de futuros líderes, las organizaciones pueden garantizar la continuidad, minimizar las interrupciones y mantener su ventaja competitiva a largo plazo.

El desarrollo de equipos de alto rendimiento es un aspecto crucial del liderazgo estratégico. Los equipos de alto rendimiento se caracterizan por una visión compartida, un claro sentido de propósito y un compromiso para lograr metas y objetivos específicos.

El desarrollo efectivo del equipo implica crear un ambiente de trabajo que fomente la colaboración, la comunicación abierta y una cultura de mejora continua.

Para desarrollar equipos de alto rendimiento, los líderes deben establecer roles y responsabilidades claros, establecer metas y objetivos desafiantes y proporcionar al equipo los recursos y el apoyo que necesitan para lograr estos objetivos.

Esto podría implicar proporcionar oportunidades de capacitación y desarrollo, establecer métricas de desempeño y mecanismos de retroalimentación, y fomentar un sentido de confianza y respeto mutuo entre los miembros del equipo.

El desarrollo efectivo del equipo también requiere un enfoque en la comunicación y la colaboración. Los líderes deben establecer líneas abiertas de comunicación, fomentar la retroalimentación constructiva y promover un ambiente de transparencia y honestidad.

Esto se puede lograr a través de reuniones regulares de equipo, sesiones de trabajo colaborativo y actividades de formación de equipos que ayudan a los miembros del equipo a generar confianza y respeto mutuo.

Otro aspecto importante del desarrollo de equipos de alto rendimiento es crear una cultura de responsabilidad.

Esto significa establecer métricas de rendimiento claras y responsabilizar a los miembros del equipo por lograr estas métricas.

También significa reconocer y recompensar el alto rendimiento, al tiempo que aborda los problemas de rendimiento y proporciona comentarios constructivos cuando sea necesario.

Finalmente, el desarrollo de equipos de alto rendimiento requiere atención y esfuerzo continuos.

Requiere que los líderes creen un ambiente de trabajo de apoyo, fomenten la colaboración y la comunicación, y establezcan una cultura de responsabilidad y mejora continua.

Al invertir en el desarrollo de equipos de alto rendimiento, las organizaciones pueden mejorar su rendimiento general, alcanzar sus objetivos estratégicos y mantener una ventaja competitiva a largo plazo.

Cap. 8

IMPLEMENTACION Y SEGUIMIENTO

La implementación y el monitoreo son componentes críticos del liderazgo estratégico. Una estrategia bien elaborada no dará lugar al éxito a menos que se implemente de manera efectiva y se supervise regularmente para garantizar que vaya por buen camino.

La implementación implica poner el plan en acción, mientras que el monitoreo implica rastrear el progreso, identificar problemas y hacer ajustes según sea necesario.

La implementación efectiva requiere una comunicación, coordinación y rendición de cuentas claras. Los líderes deben asegurarse de que todos en la organización entiendan sus roles y responsabilidades en la ejecución de la estrategia.

También necesitan establecer procesos y sistemas para rastrear el progreso, identificar problemas y hacer ajustes cuando sea necesario.

El seguimiento de los progresos en relación con la estrategia es igualmente importante.

Esto implica medir el rendimiento en comparación con las métricas establecidas, identificar cualquier brecha entre el rendimiento real y el deseado, y tomar medidas correctivas según sea necesario.

El monitoreo regular también ayuda a los líderes a mantenerse en sintonía con los cambios en el entorno interno y externo, lo que les permite ajustar la estrategia si las circunstancias cambian.

La implementación y el monitoreo efectivos requieren una cultura de mejora continua. Los líderes deben fomentar la experimentación, la asunción de riesgos y el aprendizaje de los fracasos.

También deben fomentar una cultura de transparencia, donde la información se comparta abierta y honestamente, y se reciban comentarios constructivos.

Otro componente fundamental de la aplicación y supervisión eficaces es garantizar que los recursos se asignen adecuadamente.

Esto implica identificar los recursos necesarios para ejecutar la estrategia y garantizar que estén disponibles cuando sea necesario.

Los líderes deben administrar los recursos de manera efectiva para garantizar que se utilicen de manera eficiente y efectiva.

La implementación y el monitoreo efectivos son componentes críticos del liderazgo estratégico. Requieren una comunicación, coordinación y responsabilidad claras, así como una cultura de mejora continua.

La implementación exitosa de un plan estratégico es crucial para el éxito de cualquier organización.

Un plan bien desarrollado solo puede ser efectivo si se ejecuta de manera eficiente. Por lo tanto, es esencial contar con un plan sólido de implementación.

Para desarrollar un plan efectivo de implementación, el primer paso es identificar y asignar recursos. El plan debe incluir objetivos específicos y medibles, y debe definir las funciones y responsabilidades de los miembros del equipo involucrados en el proceso de implementación.

También es importante establecer plazos y plazos claros para la finalización de cada tarea.

La comunicación es otro aspecto crucial del plan de implementación. Todos los miembros del equipo involucrados en el proceso deben comprender sus roles y responsabilidades, los objetivos del proyecto y los plazos para su finalización.

Esto se puede lograr a través de reuniones regulares de equipo y canales de comunicación claros.

El plan de aplicación también debería incluir un sistema para hacer un seguimiento de los progresos y hacer los ajustes necesarios. Este sistema debe ser capaz de identificar cualquier problema o retraso y proporcionar soluciones para garantizar que el proyecto se mantenga en marcha.

La revisión periódica de los progresos es esencial para garantizar que el plan se aplique de manera eficiente. También es importante tener un proceso para evaluar el éxito del plan, que se puede medir contra los objetivos que se establecieron.

El desarrollo de un plan sólido de implementación es fundamental para el éxito de un plan estratégico. Al garantizar que el plan sea específico, medible y alcanzable, y al proporcionar recursos adecuados y canales de comunicación claros, las organizaciones pueden garantizar que su plan se ejecute de manera eficiente y efectiva.

La supervisión y el examen periódicos de los progresos pueden ayudar a identificar cualquier problema o retraso y permitir que se realicen los ajustes necesarios, lo que conducirá al logro de los resultados deseados.

El monitoreo y el seguimiento del progreso son aspectos cruciales del liderazgo estratégico efectivo.

Una vez que se implementa un plan estratégico, es importante evaluar el progreso regularmente para garantizar que esté alineado con la visión general y los objetivos de la organización.

El proceso de monitoreo implica la creación de indicadores de desempeño, que permiten a los líderes rastrear el desempeño de la organización, los equipos y las personas a lo largo del tiempo.

Los indicadores de rendimiento pueden ser financieros, como los ingresos y los márgenes de beneficio, o no financieros, como la satisfacción del cliente y el compromiso de los empleados.

El proceso de seguimiento implica comparar el rendimiento real con los objetivos de rendimiento establecidos en el plan estratégico.

Esto permite a los líderes identificar áreas donde la organización está sobresaliendo y donde hay margen de mejora.

Además, el seguimiento del progreso puede ayudar a los líderes a realizar los ajustes necesarios al plan estratégico para garantizar que la organización se mantenga en el camino correcto para lograr sus objetivos a largo plazo.

Los líderes estratégicos efectivos deben establecer una cultura de responsabilidad que aliente a los miembros del equipo a asumir la responsabilidad de sus acciones y resultados.

Esto significa proporcionar retroalimentación regular, entrenamiento y apoyo para ayudar a los miembros del equipo a mejorar su rendimiento y alcanzar sus objetivos.

El monitoreo y seguimiento efectivo de los resultados es fundamental para el éxito del liderazgo estratégico.

Al implementar un proceso para evaluar el progreso y hacer los ajustes necesarios, los líderes pueden asegurarse de que la organización siempre se esté moviendo en la dirección correcta hacia el logro de sus objetivos a largo plazo.

Cap. 9

CONCLUSION

El liderazgo estratégico es un enfoque vital para cualquier organización que busque lograr un éxito sostenible en un entorno empresarial dinámico.

A través de la planificación, la implementación y el seguimiento efectivos, los líderes estratégicos pueden establecer una visión clara, desarrollar estrategias innovadoras, fomentar una cultura ética y de innovación, y gestionar el talento para crear equipos de alto rendimiento.

Además, el liderazgo estratégico implica tomar decisiones efectivas y éticas, así como establecer un ambiente propicio para la innovación y el cambio en la organización.

Sin embargo, lograr el liderazgo estratégico efectivo no es una tarea fácil, y los líderes enfrentarán desafíos en cada paso del camino.

Desde la identificación de las oportunidades y amenazas en el entorno empresarial hasta la planificación e implementación de estrategias efectivas, los líderes estratégicos deben estar preparados para enfrentar obstáculos y tomar decisiones difíciles.

Es fundamental que los líderes estratégicos mantengan un enfoque constante en el desarrollo de una cultura de innovación, ética y de alto rendimiento en la organización.

Al establecer una visión clara y fomentar la creatividad y el cambio, los líderes pueden liderar a la organización hacia el éxito sostenible y la excelencia empresarial.

En última instancia, el liderazgo estratégico requiere un enfoque holístico y de pensamiento a largo plazo que permita a la organización adaptarse y prosperar en un entorno empresarial cambiante.

Al abrazar los desafíos y las oportunidades y liderar con pasión, integridad y un enfoque orientado a objetivos, los líderes estratégicos pueden llevar a sus organizaciones a nuevos niveles de éxito y crecimiento.

A medida que el entorno empresarial se vuelve cada vez más complejo y volátil, el papel del liderazgo estratégico seguirá siendo esencial para que las organizaciones prosperen y tengan éxito.

El mundo que cambia rápidamente, las nuevas tecnologías y las necesidades cambiantes de los clientes exigen un enfoque de liderazgo dinámico y adaptativo que sea estratégico, innovador y con visión de futuro.

Mirando hacia el futuro, las implicaciones para el liderazgo estratégico son claras. Los líderes deben estar dispuestos a adoptar nuevas ideas, cultivar una cultura de innovación y capacitar a los empleados para que piensen creativamente y actúen con decisión.

Deben tener la capacidad de anticipar tendencias futuras, evaluar riesgos y tomar decisiones informadas basadas en datos y análisis. Además, deben reconocer la importancia de las prácticas éticas y sostenibles en su proceso de toma de decisiones.

Además, es crucial que los líderes continúen desarrollando sus habilidades y competencias para satisfacer las demandas del entorno empresarial cambiante.

Deben ser flexibles y adaptables, capaces de aprender y evolucionar junto con su organización. Los líderes exitosos del futuro serán aquellos que están comprometidos con el aprendizaje continuo, el crecimiento personal y el desarrollo.

Para concluir, el liderazgo estratégico es un viaje continuo, y el futuro sin duda presentará nuevos desafíos y oportunidades.

Al permanecer vigilantes y proactivos, fomentar una cultura de innovación y toma de decisiones éticas, y comprometerse con el crecimiento y desarrollo continuos, los líderes pueden crear un éxito sostenible para sus organizaciones e impulsar un cambio positivo en el mundo.

AGRADECIMIENTOS

Queridos lectores,

Espero que hayan disfrutado de la lectura de este libro sobre liderazgo estratégico tanto como yo disfruté escribiéndolo.

Me gustaría expresar mi sincero agradecimiento por haber dedicado su tiempo a leer y reflexionar sobre las ideas y perspectivas que he compartido.

Mi intención al escribir este libro era proporcionar una guía útil y práctica para aquellos líderes y futuros líderes que buscan mejorar sus habilidades en el liderazgo estratégico.

Espero que las reflexiones, estrategias y herramientas que he presentado les hayan resultado útiles e inspiradoras en su camino hacia el éxito organizacional.

Agradezco a todos los expertos en liderazgo que contribuyeron a mi comprensión del tema, así como a todos los líderes que conocí y con los que trabajé a lo largo de mi carrera. Su experiencia y conocimiento me han ayudado a dar forma a mi propia perspectiva y enfoque en el liderazgo estratégico.

Por último, me gustaría agradecer a mi familia, amigos y colegas por su apoyo y aliento durante todo este proceso de escritura. No podría haberlo logrado sin su ayuda y motivación.

Espero que hayan disfrutado y aprendido tanto como yo al escribir este libro. Gracias por su tiempo y dedicación.

Sinceramente,

Yascatery Martínez

www.ingramcontent.com/pod-product-compliance
Lightning Source LLC
Chambersburg PA
CBHW071049220526
45467CB00004B/1753